AF498029

HISTOIRE
DESPLORABLE
des Signes apparus
au Ciel.

Auec la perte de la ville & Marquisat
de Seue, & de l'espouuentable mort
de plus de quatre mille personnes, qui
ont esté sumergés, par le grand deluge
arriué aux vallees de Piedmont,

Et du grand tremblement de terre
aduenu en la ville du
Montellimard.

A LYON.

Pour IEAN DORET, Auec Permission.

M. DC. X.

HISTOIRE DESPLORA-

ble des Signes apparus au Ciel, auec
la perte de la Ville & Marquisat
de Sëue, & de l'espouuentable mort
de plus de quatre mille personnes, qui
ont esté submergez par le grand deluge arriué aux Vallees de Piedmont,
& du grand tremblement de terre
aduenu en la ville de Montellimard,
presente annee mil six cens dix.

Vsqves à quand demeureront nous enseuelis aux delices? endormis dans le goufre de nos pechez? & bien que tous les iours le toclain de penitence nous sonne aux oreilles, pour tout cela nous n'i-

ue, & vallees confointes à iceluy,
fans ietter des larmes. Sçachez donc
que les hautes montaignes qui enui-
ronnent le Marquifat eftoient char-
gees d'vne fi grande abondance de
neiges, que eftant fondue par les
pluyes & vents qui ont continué le
dixiefme, onziefme, & douziefme
du prefent mois de Ianuier, annee
mil fix cents & dix, que les vallees de
Pouragne, Muria, & Orbafan, furent tellement remplies d'eaux, que
elles fubmergerét plus de quatre mil
perfonnes, & grande quantité de
beftail, les pauures perfonnes pen-
foient de fe fauuer, & efchapper la
furie de l'eau en montant aux montaignes, mais l'abondance des eaux
prouenant des neiges fondues les
faifoit redefcendre & les enfeuelif-
foit dans l'extremité de leurs fureurs,
   Hé Dieu! quelle pitié de voir le

A 3

fils ne pouuoir sauuer le Pere, ni moins le pere le fils, la fille inuoque la mere à luy donner secours, & la mere se noye à la veuë de la fille, les meres nourrices tenans leurs petits aux bras crient misericorde, mais en vain ; cest Element grondant emmeine tout sans remission, tellement que huict Bourgs fermez, & trentedeux Villages, sont totalement ruinez & perdus, tellement que ceux qui voisinent lesdits lieux sont tellement esperdus qu'ils ne peuuent recognoistre, ni distinguer les logis & maisons où ils souloient faire bonne chere & se resiouyr, & voyant le pays depeuplé & ruyné de si beaux & sumptueux bastimens, dont ne paroist plus que les vestiges des ruinez, n'ont autre recours que à ietter & espandre des larmes.

Le treziesme dudit mois de Ianuier

uier enuiron ſur la minuiĉt la riuiere d'Arne qui paſſe au milieu de la
Ville de Seue, deuint tellement groſ-
ſe des eaux qui s'eſcoulent dedans
qui viennent des vallees qu'elle em-
mena ſon pont, qui eſtoit ſi ſuper-
bement baſti, & vn œuure ſi admi-
rable : ce pont auoit dixhuiĉt arca-
des toutes faiĉtes de taille d'vne ter-
rible groſſeur & hauteur, toute la
taille eſtoit à graſſe auec des barres
de fer, il y auoit plus de ſix vingts
maiſons ſur ce pont que toutes furent ſubmergees celle nuiĉt auec les
habitans.

Le lendemain quatorzieſme dudit mois ladite riuiere creut de telle
ſorte, que toute la baſſe ville de Seue fut toute ruynee & ſubmergee de
ce cruel Element, & bien peu ſe ſau-
uerent à la haute ville. Ledit iour
l'eau mina tellement la grande Egli-
ſe

se de Sainct Saluadour, qu'enuiron
les quatre heures elle tombast, qui
est vn tresgrand dommage, attendu
la somptueuse & industrieuse façon,
dont elle estoit bastie. L'on tient que
il s'est perdu & noyé en ladite Ville
plus de quinze cents personnes, &
vne infinité de richesses, car ceste
ville est vn magazin des plus rares &
belles marchandises qui viennent
du Leuant: Aussi ce peuple estoit
tellement addonné à leurs plaisirs &
delices, que ce n'estoit que vanité,
bals, & festins. Plusieurs personnes
dignes de foy dient, que aux Ad-
uents derniers s'entendoit sur la
tombee de la nuict vne voix qui
crioit hautement, & se faisoit enten-
dre par toute la Ville de Seue, disant,
Amendez vous, Qu'attendez vous? &
tous les soirs durant sept iours disoit
par trois fois ces mesmes mots.

Voila

Voila, peuple Chreſtien, comme Dieu nous ayme, & auant que de nous chaſtier, il nous enuoye des Auant-coureurs & Heraux celeſtes, pour nous ſommer à penitence. Mais helas! nous ſommes ſi obſtinez que nous demeurons endurcis, comme iadis eſtoit le cœur de Pharao; ni les ſignes, ni les tremblemens de terre ne nous peuuent inuitet à venir à penitence, que ſi ce peuple ſe fuſt amendé & venu à penitence, lors que ceſte voix celeſte les y conuioit, ſans doubte ils euſſent deſtourné l'ire de Dieu.

Pluſieurs valees aboutiſſans ſur le Piedmont ont ſenti quelque degaſt par les eaux qui s'eſcouloient des montaignes par l'abondance des neiges qui ſe fondoyent, mais non pas ſi eſtrange, ne ſi furieuſe comme a eſté en ce Marquiſat de Seue & vallees de Pouragne, Murria, Orbafan, car ce degaſt d'eaux a ruyné la Ville de Seue, & totallement celle de Pouragne, où il y auoit pluſieurs belles maiſons de plaiſance, entr'autres le Palais de Magnifico Cæſar Dequiſiani, qui eſtoit renommé l'vn des beaux baſtimens de cent lieües à la ronde, auſſi la perte de huict Bourgs fermez, & trentedeux Villages, auec la perte de plus de quatre mille perſonnes, & vne infinité de beſtail.

Ceſte meſme annee mil ſix cents dix, le deuxieſme de Ianuier enuiron les onze heures du ſoir, à la ville de Montellimard arriua vn tremblement de terre, qui dura enuiron trois quarts d'heure, qu'il ſembloit aux habitans que les maiſons debuoient tomber d'vn tel esbranlement: le peuple des auſſi toſt, tant d'vne Religion que d'autre, courut

aux

aux Eglifes pour fupplier le Tout-
puiffant d'appaifer fon Ire. Le lendemain Dimanche , enuiron les fix
heures du foir, la terre tourna trem-
bler audit lieu, & dura ledit tremblement enuiron demie heure: le peuple rourna à la couftume aux Prie-
res, qu'eft le vray remede pour de-
ftourner l'ire de Dieu.

Auffi à Suze , premiere ville du
Piedmont, ceft veu depuis le troi-
fiefme du prefent mois de Ianuier,
vne Commette lardee d'vne efpee,
la pointe tournee contre le Leuant,
& a duré l'efpace de fept iours. Sans
doubte tous ces fignes nous prefa-
gent le fecond aduenement du Fils
de Dieu , & de vray , tous fidelles
Chreftiens fe deuffent tenir prefts, &
ne faire comme les folles Vierges,
dont l'Euangile nous recite , qui
n'eurent point d'huille dans leurs

lampes lors que l'Eſpoux arriua, &
ne furent point des Nopces, ains
furent chaſſees. Tellement qu'il ſe
faut tenir preſt, à celle fin que lors de
ce ſecond aduenement, nous ſoyons
au nombre des Bien-heureux. Ainſi
ſoit-il.